Maria-Regina & Michael Altmeyer

Deko-Figuren zu Advent & Weihnachten

CREATIV COMPACT

CHRISTOPHORUS

Inhalt

Weihnachtliche Figuren

Die Tage werden wieder kürzer, die Abende länger, draußen wird es von Tag zu Tag immer kälter, über Nacht fällt der erste Schnee. Weihnachten naht und damit die gemütlichste Zeit des Jahres. Eine Zeit, die in der warmen Stube zum Basteln und Werken in trauter Runde einlädt. Mit unseren lustigen Figuren im Miniformat macht die Vorweihnachtszeit noch mehr Spaß und Freude. Diese Deko-Figuren aus Styropor sind ganz einfach anzufertigen: Styroporrohlinge mit Acrylfarben bunt anmalen, mit Chenilledraht oder Holzstäben zusammenstecken und zuletzt mit Haaren und typisch winterlichen Accessoires ergänzen – fertig ist die Spaßfigur.
Die lustigen Gesellen machen nicht nur in der Wohnung, auf dem Schreibtisch oder im Regal eine gute Figur. Sie lassen sich auch hervorragend verschenken. Als Mitbringsel zum Adventskaffee ernten Sie mit dem kleinen Engel, dem Lebkuchenmännchen oder den Sternsingern sicherlich viel Beifall. Und mit dem Rentier auf Skiern oder dem Bären als Schneeschieber bringen Sie jeden zum Schmunzeln.

Wir wünschen Ihnen viel Freude mit Ihren weihnachtlichen Spaßbegleitern und eine fröhliche Advents- und Weihnachtszeit.

Ihre

Maria-Regina Altmeyer

Michael Altmeyer

Material & Technik

Material

Die Körper aller Figuren bestehen aus Styropor-Fertigteilen, die der Hobbyfachhandel anbietet. Bei einigen Motiven werden für Hände und Füße bereits vorgeformte Styroporteile verwendet, sie sind in kleiner und großer Ausführung erhältlich. Statt dieser Fertigteile können aber auch „normale" Styropor- oder Wattekugeln fixiert werden. Zur Befestigung von Armen und Beinen wird hauptsächlich Chenilledraht verwendet. Auch Kordeln oder Rundhölzer kommen zur Anwendung. Accessoires aus Tonkarton, Wellpappe, Filz oder Wolle runden jede Figur ab.

Hilfsmittel

Transparent- bzw. Architektenpapier, mittelgroße Schere, Cutter, Schneideunterlage aus Hartgummi (oder kräftiger Karton), Styroporkleber, Holzleim, Klebefilm, Zahnstocher, Bleistift, Filzstift in Schwarz, Pinsel.
Diese Hilfsmittel werden bei den verschiedenen Anleitungen nicht mehr zusätzlich aufgeführt.

Schablonen erstellen

Für die Motivteile aus Karton, Wellpappe oder Filz werden Schablonen benötigt. Dazu Transparent- oder Architektenpapier auf den Vorlagebogen legen und Konturen und Linien mit einem Bleistift nachzeichnen. Dann die Transparentpapierteile auf Karton oder kräftiges Papier kleben und exakt ausschneiden. Diese Schablonen auf das jeweilige Material legen und an den Umrissen sorgfältig mit Bleistift umfahren.

Übertragen von Gesichtern und Mustern

Die Gesichter der Figuren sowie einige Muster befinden sich auf dem Vorlagebogen. Sie werden vom Vorlagebogen auf Transparentpapier übertragen. Die Linien auf der Rückseite mit weichem Bleistift nachziehen, mit dieser Seite auflegen und mit einem harten Bleistift nachfahren. Durch den Druck übertragen sich die Linien aufs Styropor und können nachgezeichnet werden.

Tipps & Tricks auf Seite 32

Deko-Figuren gestalten

1 Zur besseren Übersicht zunächst die benötigten Styroporteile auf der Arbeitsfläche anordnen. Dann die Styroporrohlinge mit gekürzten Zahnstochern ineinander stecken. Bei den Kopfteilen immer zwei Hölzer verwenden, damit sich die Teile nicht gegeneinander verdrehen können. Bei Kleinteilen wie einer Wattekugel reicht ein Hölzchen. Zum besseren Halt auf die Verbindungsflächen zusätzlich etwas Holzleim geben.

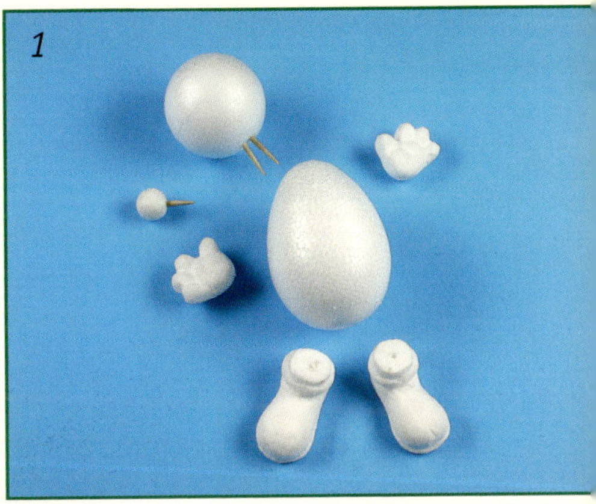

2 Wenn der Leim getrocknet ist, die Styroporteile mit Acrylfarben bemalen. Durch Kombinieren von zwei Hauttönen entstehen besonders effektvolle Gesichter: So können Wangen und Nase in einem dunkleren Hautton, die übrigen Flächen in einem hellen Ton bemalt werden. Wangen und Nase lassen sich aber auch mit dem aus dem Kosmetikbereich bekannten Creme Rouge besonders hervorheben. Abschließend kann nach Wunsch noch ein Schutzlack aufgetragen werden.

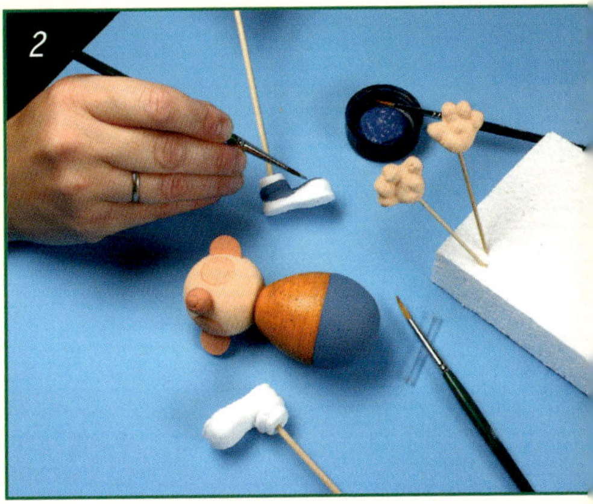

3 Zum Schluss sämtliche Einzelteile an der entsprechenden Position anordnen und Hände und Füße je nach Figur mit Chenilledrähten oder Holzstäbchen im Styroporrumpf befestigen. Dazu an den entsprechenden Stellen Löcher ins Styropor bohren, einen Tropfen Leim in die Befestigungslöcher geben und Arme und Beine einstecken. Anschließend die restlichen Teile wie Ohren oder Haare ergänzen und jede Figur mit den für das Motiv typischen winterlichen Accessoires wie Mütze und Schal ausstatten.

Schneemann

Material

- Styroporei, 8 cm
- Styroporkugel, 4 cm Ø
- 2 Wattekugeln, 20 mm Ø
- 3 Holzperlen in Schwarz, 10 mm Ø
- Bastelfilz in Orange, Dunkelblau, Schwarz
- Stickgarn in Rot
- Strukturschnee
- Tonkarton in Gelb, Grau, Schwarz
- Wellpappe in Rot
- 2 Schaschlikstäbchen, 9 cm
- Acrylfarben in Weiß, Schwarz

Vorlagen A1 – A8

Motivgröße: 11 cm

1 Vom Styroporei unten mit dem Cutter etwa 2 cm abschneiden. Kopf und Hände am Rumpf fixieren (Anleitung Seite 5). Den Schneemann mit Strukturschnee überziehen. Als Knöpfe Holzperlen aufkleben und nach Vorlage A1 das Gesicht aufmalen.

2 Aus orangefarbenem Filz die Nase (Vorlage A2) ausschneiden, zusammenkleben und auf dem Schneemann fixieren. Um den Hals einen Filzschal von 25 cm Länge und 1,5 cm Breite binden, die Schalenden fransig einschneiden. Die Hutkrempe (Vorlage A3) einmal, das Kopfteil (Vorlage A4) doppelt aus Filz zuschneiden. Die Krempe in der Mitte sternförmig einschneiden, den Krempenrand mit rotem Garn umsticken. Kopfteile an den gestrichelten Linien aufeinander nähen und wenden. Die Krempe mit den Zacken im Kopfteil einkleben und den Hut auf dem Schneemann fixieren.

3 Den Rabenkörper (Vorlage A5) einmal, den Schnabel (Vorlage A6) doppelt aus Tonkarton ausschneiden. Beidseitig Schnäbel aufkleben und Linien und Augen aufmalen. Aus Wellpappe und Tonkarton die Skier (Vorlage A7) jeweils doppelt ausschneiden. Je einen Wellpappeski mit der glatten Seite auf einem Tonkartonzuschnitt fixieren. Die Skispitzen nach oben biegen. Die Skistöcke (Schaschlikstäbchen) schwarz grundieren und mit den grauen Tellern (Vorlage A8) aus Tonkarton ergänzen.

Lebkuchenmännchen

Material

- Styroporei, 6 cm
- Styroporkugel, 4 cm Ø
- Wattekugeln:
  - 1x 12 mm Ø
  - 1x 15 mm Ø
- Styroporherz, 3 cm
- Styroporhände, 2,5 cm
- Styroporfüße, 3,5 cm
- Holzperle in Natur, 8 mm Ø
- Chenilledraht in Braun
- Bouclèwolle in Weiß
- Tonkarton in Braun
- Schleifenband in Grün-Weiß, kariert, 5 mm breit
- Moosgirlande
- Blumendraht in Weiß, 1 mm Ø
- Acrylfarben in Weiß, Beige, Braun, Schwarz

Vorlagen B1 – B3

Motivgröße: 15 cm

1 Die Styroporkugel am Styroporei befestigen (Anleitung Seite 5). Als Nase eine kleine Wattekugel anbringen. Alle Teile nach Abbildung und Vorlagen B1 (Gesicht) und B2 (Mandel) mit Acrylfarben gestalten.

2 Die Hände mit je einem 5 cm langen Chenilledraht, die Füße mit je einem 10 cm langen Draht am Rumpf befestigen. Die Beindrähte zum besseren Halt doppelt legen und ineinander verdrehen.

3 In den Kopf zwei Schlitze schneiden und die Ohren (Vorlage B3) aus Tonkarton einstecken. Für die Haare etwas Bouclèwolle in Stränge von etwa 6 cm Länge schneiden, in der Mitte bündeln und aufkleben. Um den Hals eine Karoschleife binden.

4 Aus weißem Blumendraht, etwa 5 cm lang, den gebogenen Pfeifenstiel formen. Von der Wattekugel, 15 mm Ø, ein Käppchen schneiden. Die Kugel bemalen und den Drahtstiel in den Pfeifenkopf stecken. Die Pfeife in einer Hand des Lebkuchenmännchens fixieren.

5 Die Moosgirlande doppelt legen und zu einem Kränzchen formen. Das Herz anmalen. Etwa 20 cm Schleifenband ins Herz einkleben und das Herz im Kränzchen platzieren. Eine Holzperle auffädeln, die Bandenden verknoten und den Anhänger dem Männchen über einen Arm ziehen.

Sternsinger

Material

Für jede Figur

- Styroporkegel, 6 cm
- Styroporkugel, 3 cm Ø
- 2 Wattekugeln, 15 mm Ø
- 3 Holzperlen, 6 mm Ø
- Chenilledraht in Weiß, Rot
- Sisalschnur
- Tonkarton in Hautfarbe, Gelb
- Samtfaden in Rot
- Golddraht, 0,65 mm Ø
- Acrylfarben in Weiß, Hautfarbe, Karamell, Rot, Grün, Blau, Schwarz

Vorlagen C1 – C4

Motivgröße: 10 cm

1 Für jede Figur die Styroporkugel an der Spitze des Styroporkegels fixieren (Anleitung Seite 5). Styropor- und Watteteile nach Abbildung mit Acrylfarben bemalen, die Gesichter nach Vorlage C1. Holzperlen bilden die Nasen.

2 Je einen roten und weißen Chenilledraht, jeweils 8 cm lang, miteinander verdrehen. Mit einer großen Nadel an der Kegelspitze durch das Styropor stechen und den Chenilledraht hindurchstecken. Die Handkugeln auf den Drahtenden fixieren. Um den Hals eine Schleife aus Samtfaden binden, die Bandenden mit Holzperlen verzieren.

3 Ohren (Vorlage C2) aus Tonkarton zuschneiden. In den Kopf zwei Schlitze schneiden und die Ohren einpassen. Einen Rest Sisalschnur als Haarschopf fixieren. Die Schnurenden ausfransen. Für den Kopfreifen Golddraht mithilfe eines Zahnstochers zu einer Spirale aufrollen. Ein Drahtende glatt stehen lassen und den Reifen damit in den Kopf einstecken. Aus Tonkarton die Flügel (Vorlage C3) arbeiten. Herzen, Flicken und Nähte aufmalen und die Flügel am Rücken befestigen.

4 Mond und Stern nach Vorlage C4 aus Tonkarton zuschneiden und mit Acrylfarben bunt bemalen. Aufhängelöcher mit einer Nadel einstechen. Golddraht mithilfe eines Stäbchens spiralförmig aufwickeln, ein Drahtende zu einer Öse formen. Mond und Stern einhängen. Die Drahtstäbe an den Figuren befestigen, dazu den Golddraht einfach ein- bis zweimal um den Arm wickeln.

Weihnachtsmann

Material

- Styroporei, 8 cm
- Styroporkugel, 4 cm Ø
- 2 Wattekugeln, 12 mm Ø
- Styroporhände, 2,5 cm
- Styroporfüße, 4 cm
- Langhaarplüsch in Weiß
- Bastelfilz in Weiß, Rot
- Modellierfilz in Rot
- Metallglöckchen in Gold, 18 mm
- Chenilledraht in Rot
- Rundholz, 8 mm Ø, 2x 4 cm
- Jute in Grün, 10 x 20 cm
- Satinband in Rot, 3 mm breit
- Acrylfarben in Weiß, Hautfarbe, Rot, Grün, Grau, Schwarz
- Metallflocken in Gold
- Anlegemilch für Metallflocken

Vorlagen D1 – D7

Motivgröße: 15 cm

1 Vom Ei unten mit dem Cutter etwa 2 cm abschneiden. Den Kopf am Rumpf, die Nase am Kopf fixieren (Anleitung Seite 5). Sämtliche Teile mit Acrylfarben bemalen, das Gesicht nach Vorlage D1, die Taschen nach Vorlage D2. Rundhölzer rot grundieren und die Schuhe mit den Hölzern im Rumpf befestigen.

2 Die Hände an je einem 8 cm langen Chenilledraht fixieren. Ärmelteile (Vorlage D3) viermal aus Filz zuschneiden. Je zwei Ärmelhälften aufeinander kleben, dabei die Chenillearme dazwischenlegen. Den weißen Filzbesatz (Vorlage D4) ergänzen und die Arme im Rumpf fixieren. Den Mantelsaum mit einem weißen Filzstreifen von 20 cm x 12 mm, die Knopfleiste mit einem Streifen von 7 cm x 12 mm verzieren. Eine Wattekugel halbieren und nach Packungsangabe mit Metallflocken überziehen. Die Knöpfe aufkleben.

3 Einen etwa 15 cm langen und 1 cm breiten Streifen Langhaarplüsch als Haar- und Bartkranz am Kopf befestigen. Den Schnauzbart, etwa 6 cm lang, separat fixieren. Aus rotem Filz die Mütze (Vorlage D5) zuschneiden und mit dem weißen Filzrand (Vorlage D6) bekleben. Mütze zusammenkleben. Das Metallglöckchen an die Spitze nähen und die Zipfelmütze auf dem Kopf fixieren.

4 Den Jutestreifen zur Hälfte legen, die äußeren Kanten zusammennähen. Den Stoff wenden, ausstopfen und mit rotem Satinband zubinden. Die Bandenden mit roten Herzen (Vorlage D7) aus Modellierfilz schmücken.

Rentier

Material

- Styroporkugeln:
  - 1x 6 cm Ø
  - 1x 4 cm Ø
  - 2x 3 cm Ø
- Wattekugeln:
  - 2x 20 mm Ø
  - 1x 12 mm Ø
- Rundholz, 8 mm Ø, 2x 4 cm
- Wollrest in Weiß
- Bastelfilz in Grün
- Chenilledraht in Hellbraun
- Tonkarton in Hautfarbe, Rehbraun, Dunkelbraun, Grau
- Wellpappe in Rot
- Schaschlikstäbchen, 2x 9 cm
- Acrylfarben in Weiß, Rot, Grün, Rehbraun, Schwarz

Vorlagen E1 – E5

Motivgröße: 15 cm

1 Die 3 cm großen Styroporkugeln halbieren. Für die Schnauze von der 4 cm großen Kugel ein Käppchen abschneiden und eine der Halbkugeln mit der flachen Seite auf der Schnittfläche fixieren. Die kleine Wattekugel ebenfalls halbieren und eine Hälfte als Nase auf die Schnauze kleben. Kopf auf dem Rumpf befestigen (Anleitung Seite 5). Sämtliche Styropor- und Watteteile sowie die Rundhölzer nach Abbildung und Vorlage E1 (Gesicht) bemalen.

2 Die Hände mit zwei je 8 cm langen Chenilledrähten, die Hufe mit den Rundhölzern am Rumpf fixieren. Aus Filz einen 20 x 1,5 cm großen Schal schneiden und um den Hals binden. Die Schalenden fransig einschneiden.

3 Aus Tonkarton Geweih (Vorlage E2) und Ohren (Vorlage E3) zuschneiden. Innenohren aufkleben. In den Kopf Schlitze schneiden und Geweih und Ohren einstecken. Zwischen dem Geweih als Haare einige Wollfäden fixieren.

4 Aus Wellpappe und Tonkarton die Skier (Vorlage E4) jeweils doppelt ausschneiden und zusammenkleben. Die Skispitzen nach oben biegen. Die Skistöcke (Schaschlikstäbchen) schwarz grundieren und mit den grauen Tellern (Vorlage E5) aus Tonkarton ergänzen. Das Rentier mit den Hufen auf den Skiern fixieren, die Stöcke an den Händen befestigen.

Ilexmännchen

Material

- Styroporkugel, 4 cm Ø
- Styroporherz, 5 cm
- Styroporhände, 2,5 cm
- Styroporfüße, 3,5 cm
- Holzperlen in Rot:
  - 1x 10 mm Ø
  - 1x 8 mm Ø
  - 14x 6 mm Ø
- Nähgarn in Grün
- Kordel in Rot, 4 mm Ø
- Langhaarplüsch in Braun
- Bastelfilz in Grün, Dunkelgrün
- Samtfaden in Rot
- Acrylfarben in Weiß, Hautfarbe, Rot, Grün, Schwarz
- Creme Rouge

Vorlagen F1 – F4

Motivgröße: 22 cm

1 Das Styroporherz mit der Spitze an der Styroporkugel befestigen (Anleitung Seite 5). Als Nase eine Holzperle, 8 mm Ø, fixieren. Das Ilexmännchen nach Abbildung und Vorlage F1 (Gesicht) anmalen. Wangen mit Creme Rouge hervorheben.

2 Hände und Füße mit je einer 5 cm langen Kordel am Rumpf befestigen. Als Schnürsenkel Samtfaden verwenden. Die Fadenenden mit je einer roten Holzperle schmücken.

3 Aus grünem Filz (Vorlage F2) den Kragen zuschneiden und mit einem Faden kräuseln. An die Spitzen je eine Holzperle nähen. Dem Männchen den Kragen umlegen.

4 Die Mütze (Vorlage F3) aus grünem Filz zuschneiden und zusammenkleben, an die Mützenspitze eine Holzperle, 10 mm Ø, nähen. Aus dunkelgrünem Filz zwei Ilexblätter (Vorlage F4) ausschneiden. Blätter zusammen mit drei Holzperlen am unteren Mützenrand annähen. Unter den Mützenrand einen schmalen Streifen Langhaarplüsch kleben. Bevor die Zipfelmütze auf dem Kopf fixiert wird, von innen einen roten Samtfaden als Aufhängeband durch den Filz ziehen.

Schlittenfahrt

Material

- Styroporei, 6 cm
- Styroporkugel, 4 cm Ø
- Wattekugel, 12 mm Ø
- Styroporhände, 2,5 cm
- Styroporfüße, 4 cm
- Langhaarplüsch in Schwarz
- Chenilledraht in Goldgelb, Hellblau
- Bastelfilz in Rot, Grün
- Samtfaden in Rot
- Tonkarton in Hautfarbe
- Holzschlitten in Rot, 10 cm
- Acrylfarben in Weiß, Hautfarbe, Rot, Blau, Hellbraun, Schwarz

Vorlagen G1 – G4

Motivgröße: 16 cm

1 Styroporei und Styroporkugel zusammenfügen (Anleitung Seite 5). Als Nase eine Wattekugel fixieren. Styropor- und Watteteile nach Abbildung und Vorlagen G1 (Gesicht) und G2 (Hosentasche) bemalen. Mit einem Stecknadelkopf einige Sommersprossen in Hellbraun auftupfen.

2 Die Hände mit je 5 cm langen, goldgelben Chenilledrähten am Rumpf befestigen, die jeweils 10 cm langen, hellblauen Drähte für die Beine doppelt legen und ineinander verdrehen. Als Haare einen Rest Langhaarplüsch fixieren.

3 Die Ohren (Vorlage G3) aus Tonkarton ausschneiden. Seitlich in den Kopf zwei Schlitze schneiden und die Ohren einschieben. Aus rotem Filz einen Schal von 20 cm Länge und 1,5 cm Breite zuschneiden. Die Schalenden fransig einschneiden und den Schal dem Jungen um den Hals binden.

4 Aus grünem Filz die Mütze (Vorlage G4) zuschneiden. Den oberen Mützenrand etwa 3 cm tief fransig einschneiden. Die Mütze zusammenkleben, die obere Fransenkante mit einem Samtfaden zusammenhalten. Die Mütze auf dem Kopf befestigen. Den Jungen auf einem Schlitten platzieren.

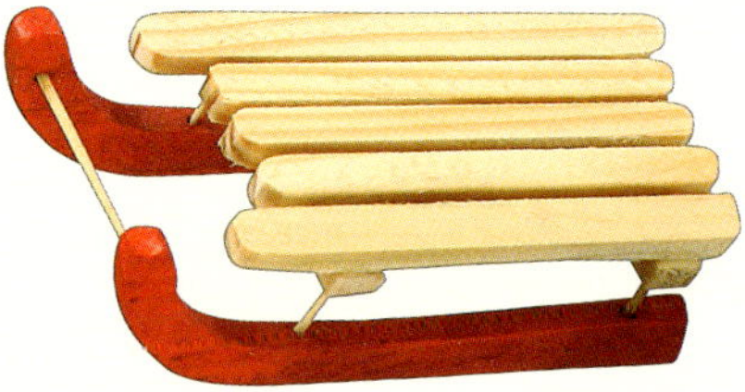

Material

- Styroporei, 6 cm
- Styroporkugel, 4 cm
- Wattekugel, 12 mm Ø
- Styroporhände, 2,5 cm
- Styroporfüße, 3,5 cm
- Bouclèwolle in Orange
- Chenilledraht in Orange
- Goldband
- Lurexband in Gold, 3 mm breit
- Metallic-Wellpappe in Gold
- Modellierfilz in Orange
- Aludraht in Gold, formbar, 2 mm Ø
- Acrylfarben in Weiß, Hautfarbe, Orange, Türkis, Schwarz
- Creme Rouge

Vorlagen H1 –H3

Motivgröße: 17 cm

Engel

1 Von der Eibasis ein Käppchen von etwa 10 mm abschneiden. Styroporei und Styroporkugel zusammenfügen, als Nase eine Wattekugel fixieren (Anleitung Seite 5). Die Styroporteile mit Acrylfarben anmalen, das Gesicht nach Vorlage H1. Wangen mit Creme Rouge betonen.

2 Hände und Füße mit je 10 cm langen Chenilledrähten am Rumpf befestigen, die Drähte zum besseren Halt doppelt legen und ineinander verdrehen. Um den Hals eine Schleife aus Lurexband binden. Der Haarschopf besteht aus einem Bündel Wollfäden von etwa 15 cm Länge. Die Fäden an den Enden mit Goldband zu Zöpfen abbinden und die Haare auf den Engelkopf kleben.

3 Aus Metallic-Wellpappe (Vorlage H2) das Flügelpaar ausschneiden und auf dem Rücken fixieren. Für den Bogen zwei Herzen und drei Sterne nach Vorlage H3 aus Modellierfilz zuschneiden und mit einer Lochzange die Löcher ausstanzen. Einen 20 cm langen Aludraht zu einem Halbbogen formen und Herzen und Sterne auffädeln. In die Hände vorsichtig zwei kleine Vertiefungen einstechen und den Bogen einstecken.

Schanzenrekord

Material

- Styroporkugeln:
  - 1x 4 cm Ø
  - 1x 8 cm Ø
- Wattekugel, 12 mm Ø
- Styroporhände, 2,5 cm
- Styroporfüße, 3,5 cm
- Strukturschnee
- Wolle in Hellblau, Blau
- Pompon in Blau, 20 mm Ø
- Tonkarton in Hautfarbe, Blau, Grau
- Wellpappe in Blau
- Schaschlikstäbchen, 2x 9 cm
- Acrylfarben in Weiß, Hautfarbe, Beige, Hellblau, Schwarz

Vorlagen J1 – J4

Motivgröße: 16 cm

Tipp

Die Figur lässt sich am besten präsentieren, wenn sie in einen Styropor-Flachring von 7,5 cm Ø gesetzt wird.

1 Auf die große Kugel Strukturschnee auftragen, die übrigen Teile mit Acrylfarben nach Abbildung und Vorlage J1 (Gesicht) bunt anmalen. Kopf, Hände und Füße in der großen Styroporkugel fixieren (Anleitung Seite 5). Als Nase eine Wattekugel befestigen.

2 Aus Tonkarton die Ohren (Vorlage J2) ausschneiden. Seitlich in den Kopf zwei Schlitze schneiden und die Ohren einstecken.

3 Für die Mütze mit blauer Wolle 30 Maschen anschlagen. Zwölf Reihen eine Masche rechts, eine Masche links im Wechsel stricken. Dann mit hellblauer Wolle glatt rechts weiterstricken. In der elften hellblauen Reihe jeweils zwei Maschen zusammenstricken (15 Maschen bleiben übrig). Noch eine Reihe darüber stricken und durch alle Maschen einen Faden ziehen. Mütze zusammen- und Pompon annähen. Mütze dem Skifahrer auf den Kopf stülpen.

4 Beim Schal acht Maschen mit blauer Wolle anschlagen und eine Masche rechts, eine Masche links im Wechsel stricken. Immer zwei Reihen in Blau bzw. in Hellblau stricken. Nach etwa 25 cm Länge die Maschen abketten. Den Schal um den Hals binden.

5 Die Skier aus Tonkarton und Wellpappe (Vorlage J3) jeweils doppelt ausschneiden und zusammenkleben. Die Skispitzen nach oben biegen. Schaschlikstäbchen schwarz grundieren und die Skistöcke mit den grauen Tellern (Vorlage J4) ergänzen.

Sprung-
schanze

Schneeflöckchen

Material

Für jede Figur

- Styroporkugeln:
  - 1x 3 cm Ø
  - 1x 4 cm Ø
- 2 Wattekugeln, 15 mm Ø
- Holzperle in Weiß, 6 mm Ø
- Strukturschnee
- Chenilledraht in Weiß
- Volumenvlies
- Zauberwatte
- Bastelfilz in Weiß
- Modellierfilz in Weiß
- Lurexband in Silber, 3 mm breit
- 4 Sternperlen in Gold, 10 mm
- Goldband
- Nähgarn in Weiß
- Acrylfarben in Weiß, Hautfarbe, Schwarz

Vorlagen K1 – K5

Motivgröße: 12 cm

1 Die große Styroporkugel mit Strukturschnee überziehen und trocknen lassen. Die übrigen Kugeln in Hautfarbe grundieren, die Gesichter nach Vorlage K1 gestalten. Den Kopf auf dem Rumpf fixieren (Anleitung Seite 5). Als Nase eine Holzperle befestigen.

2 Die Schuhe (Vorlage K2) jeweils doppelt aus Filz zuschneiden und zusammennähen, den oberen Rand offen lassen. Den Stoff wenden und mit Zauberwatte ausstopfen, dabei einen 5 cm langen Chenilledraht einkleben. Schuhe mit Schleifen aus Lurexband verzieren. Beine im Rumpf befestigen, Hände ebenfalls mit je einem 5 cm langen Chenilledraht fixieren.

3 Seitlich in den Kopf mit dem Cutter zwei Schlitze einritzen und die Tonkartonohren (Vorlage K3) einschieben. Aus Volumenvlies einen Streifen von 3 x 20 cm zuschneiden, eine Längskante einkräuseln und den Kragen umbinden. Die Mütze (Vorlage K4) aus weißem Volumenvlies zuschneiden und an der Klebekante zusammenkleben. Mützenspitze mit weißem Nähgarn abbinden. Mütze auf dem Kopf fixieren.

4 Aus Modellierfilz Stern, Tanne und Herz ausschneiden (Vorlage K5), die Löcher einstechen. Sternperlen und Filzfiguren abwechselnd auf ein Goldband fädeln. Die Bandenden an je einem Arm der beiden Schneeflöckchen anknoten.

Schneeschiebe-Bär

Material

- Styroporeier:
  - 2x 4,5 cm
  - 1x 6 cm
- Styroporkugel, 4 cm Ø
- Wattekugeln:
  - 2x 12 mm Ø
  - 2x 20 mm Ø
- Chenilledraht in Weiß, Grün
- Rundholz, 8 mm Ø, 2x 4 cm
- Bastelfilz in Grün, Rot
- 3 Pompons in Weiß, 20 mm Ø
- Nähgarn in Weiß, Grün
- Blumendraht
- Tonkarton in Braun
- Prägefolie in Silber, 0,15 mm stark
- Schaschlikstäbchen, 12 cm
- Acrylfarben in Weiß, Beige, Grün, Rot, Rehbraun, Braun, Schwarz

Vorlagen L1 – L4

Motivgröße: 19 cm

1 Von der Styroporkugel ein Käppchen, etwa 5 mm, von einem kleinen Ei die Spitze, etwa 2 cm, abschneiden. Beide Teile mit den Schnittflächen aufeinander kleben. Den Kopf am großen Ei fixieren (Anleitung Seite 5). Das übrige Ei der Länge nach sowie die kleinen Wattekugeln halbieren. Styroporteile, Watteteile und Rundhölzer nach Abbildung und Vorlage L1 (Gesicht) farbig gestalten.

2 Augen und Nase (halbierte Wattekugeln) fixieren. Die Hände mit je einem 5 cm langen Chenilledraht, die Füße mit den Rundhölzern im Rumpf befestigen. Seitlich in den Kopf zwei Schlitze schneiden und die Tonkartonohren (Vorlage L2) einstecken. Aus rotem Filz einen Schal von 20 cm Länge und 1,5 cm Breite schneiden, an den Enden je einen Pompon annähen. Den Schal um den Hals binden.

3 Die Mütze (Vorlage L3) aus grünem Filz ausschneiden und zusammennähen, dabei an der Nahtlinie einen Draht einarbeiten. An die Mützenspitze einen Pompon nähen, den Mützenrand mit weißem Chenilledraht umkleben. Die Mütze auf dem Bärenkopf fixieren. Durch den eingearbeiteten Blumendraht kann die Mütze in beliebige Form gebracht werden.

4 Das Schaschlikstäbchen rot grundieren. Aus Prägefolie die Schaufel (Vorlage L4) ausschneiden, die Löcher durchstechen. Den Stiel durch die Löcher stecken und die Schaufel rund biegen.

Weihnachtsglöckner

Material

- Styroporglocke, 5 cm
- Styroporkugeln:
  - 1x 3 cm Ø
  - 1x 4 cm Ø
- Wattekugel, 12 mm Ø
- Styroporhände, 2,5 cm
- Styroporfüße, 4 cm
- Chenilledraht in Blau
- Langhaarplüsch in Weiß
- Filz in Hellblau, Blau
- Samtfaden in Dunkelblau
- Tonkarton in Hautfarbe
- 4 Holzperlen in Weiß, 6 mm Ø
- Holzperle, 10 mm Ø
- Rundhölzer:
  - 6 mm Ø, 1x 15 cm
  - 8 mm Ø, 2x 4 cm
- Golddraht, 0,65 mm Ø
- 4 Metallglöckchen in Gold, 11 mm
- Acrylfarben in Weiß, Hautfarbe, Beige, Hellblau, Blau, Schwarz

Vorlagen M1 – M5

Motivgröße: 14 cm (ohne Stab)

1 Damit die Beine in der Glocke Halt finden, den Hohlraum der Glocke mit einer Kugel von 3 cm Ø ausfüllen. Die Kugel fest hineindrücken. Die „Aufhängung“ der Glocke mit einem Cutter vorsichtig abschneiden. Den Kopf auf dem Glockenkörper befestigen (Anleitung Seite 5), als Nase eine Wattekugel fixieren. Sämtliche Styroporteile sowie die Rundhölzer nach Abbildung und Vorlagen M1 (Gesicht) und M2 (Schneekristalle) farbig gestalten.

2 Die Hände mit je einem 5 cm langen Chenilledraht, die Schuhe mit den kurzen Rundhölzern am Rumpf befestigen. Aus hellblauem Filz einen Streifen von 1,5 x 25 cm schneiden, die Enden fransig einschneiden. Den Schal um den Hals des Jungen binden. Seitlich in den Kopf zwei Schlitze schneiden und die Tonkartonohren (Vorlage M3) einschieben. Als Haare weißen Langhaarplüsch aufkleben. Aus Samtfaden zwei Schleifen binden und als Schuhbänder fixieren. Die Bandenden mit je einer Holzperle verzieren.

3 Aus Filz das Kappenteil (Vorlage M4) zweimal, das Schildteil (Vorlage M5) einmal ausschneiden. Die Kappenteile an der gestrichelten Linie zusammennähen. Kappe wenden und das Schildteil mit den Zacken unter den Kappenrand kleben. Die Kappe auf dem Kopf fixieren.

4 Um ein Ende des langen Holzstabs zwei Golddrähte wickeln. In die zu Ösen gebogenen Drahtenden je ein Metallglöckchen hängen. Auf die Stabspitze die große Holzperle kleben. Den Glockenstab dem Jungen in die Hand geben.

Sternschnuppe

Material

- Styroporei, 6 cm
- Styroporkugel, 4 cm Ø
- Wattekugel, 12 mm Ø
- Styroporhände, 2,5 cm
- Styroporfüße, 3,5 cm
- Lurexband in Silber, 3 mm breit
- Langhaarplüsch in Weiß
- Chenilledraht in Hellblau
- Glimmer-Chenilledraht in Silber
- Alukarton in Silber
- Acrylfarben in Weiß, Hautfarbe, Hellblau, Blau, Schwarz
- Baumwollband

Vorlagen N1 – N3

Motivgröße: 16 cm

1 Kopf und Rumpf zusammenfügen, als Nase eine Wattekugel befestigen (Anleitung Seite 5). Alle Teile nach Abbildung mit Acrylfarben bunt gestalten, das Gesicht nach Vorlage N1.

2 Für die Arme und Beine je einen 5 cm langen hellblauen Chenilledraht und Glimmer-Chenilledraht miteinander verdrehen und Hände und Füße am Rumpf befestigen. Um den Hals eine Schleife aus Lurexband binden. Als Haare weißen Langhaarplüsch verwenden.

3 Aus Alukarton den Stern (Vorlage N2) und den Schweifstern (Vorlage N3) ausschneiden. In die Sternenmitte ein Loch stechen, Aufhängeband durchziehen und verknoten. Den Stern auf dem Kopf festkleben.

4 Mit dem Cutter einen Schlitz in den Rumpf ritzen und die Sternschnuppe in den Schweifstern einstecken.

Impressum

ISBN 3-419-56727-8

Lektorat:
Gisa Windhüfel, Freiburg

Styling und Fotos:
Maria-Regina und
Michael Altmeyer, Werl

Covergestaltung und Layoutentwurf:
Network!, München

Coverrealisierung und Gesamtproduktion:
smp, Freiburg

Druck:
Freiburger Graphische Betriebe

Verlag Herder GmbH
Christophorus-Verlag
Hermann-Herder-Str. 4
79104 Freiburg

Tel.: 0761/2717-0
Fax: 0761/2717-352

E-Mail:
info@christophorus-verlag.de

www.christophorus-verlag.de

Profi-Tipps der Autoren

■ Nur mit einem für Styropor geeigneten Klebstoff oder Leim arbeiten.

■ Die zu bemalenden Styroporteile auf Schaschlikstäbchen spießen. Das Bemalen ist dann viel leichter, außerdem können die Teile zum Trocknen in eine Vase gestellt oder in eine Styroporplatte gesteckt werden.

■ Beim Übertragen von Gesichtern oder Linien auf gewölbte Flächen das Transparentpapier seitlich mehrmals einschneiden. Es kann so besser aufgelegt werden.

■ Kordel- oder Bandenden vor dem Befestigen im Styropor mit Klebefilm umwickeln. Sie lassen sich so einfacher einstecken und fransen nicht aus.

■ Rundhölzer vor dem Einstecken ins Styropor leicht anspitzen.

■ Die Figuren sind so leicht, dass sie überall aufgehängt werden können. Dazu muss bei den Modellen nur ein Aufhängeband ergänzt werden.